Verena Zemme · Paradiesische Pralinen für dich!

Verena Zemme

Paradiesische Pralinen

für dich!

GONDROM

Verena Zemme leitet eine Text- und Bildagentur in Bad Tölz. Ihr besonderes Interesse gilt Kochbüchern, Ratgebern, Geschenkbüchern und der Kinder- und Jugendliteratur.

Covergestaltung: Christine Retz
Coverfoto: William Reavell/StockFood

Bildnachweis:
digitalstock (7); StockFood: Chris Alack (73), Quentin Bacon (67), Iain Bagwell (93), Dr. Martin Baumgärtner (35), Leigh Beisch (49), Jean Cazals (83), J. Demeurs/Pili Pili (9), Allison Dinner (87), Nicki Dowey (23), Susie M. Eising (3, 19, 25, 43, 77, 89), L. Ellert (45), FoodPhotography (13, 79), FoodPhotogr. Eising (27), Feig/Feig (15), Ian Garlick (60), Golden Goose Productions (65), Alexandra Grablewski (29), Rusty Hill (21), A. Hrbkov (81), Richard Jung Photography (11), Ulrike Koeb (53, 57, 61), Joff Lee Studios (75), Joerg Lehmann (39), Nicolas Leser (51), Geoff Lung (59), K. Mewes (31), Brett Odgers (41, 95), Dirk Pieters (37), J. Rynio (63), Sporrer/Skowronek (91), Studio Adna (85), Martina Urban (17), Monica Varella (55), Elizabeth Watt (71), Westermann Studios GbR (47), Frank Wieder (33)

Alle Zeichnungen: Beate Brömse, München

011

ISBN-10: 3-8112-2858-7
ISBN-13: 978-3-8112-2858-0

5 4 3 2 1

www.gondrom-verlag.de

Inhalt

Die süße Verführung

Wen könnte man nicht mit einem schokoladenumhüllten Praliné locken, das beim genusvollen Hineinbeißen sein süßes Inneres offenbart? Kleine Köstlichkeiten, die einen nussigen Kern oder eine alkoholisierte Frucht enthalten und ein wahres Feuerwerk an Aromen entfachen, sind wohl für jeden Kenner ein echter Genuss.

So einfach es für uns heute sein mag, eine Schachtel abgepackter Pralinen im Supermarkt zu kaufen, so reizvoll ist es doch, sich auch einmal selbst in der hohen Kunst der Patisserie zu üben. Nach und nach wird aus der Pralinen- und Konfektherstellung vielleicht sogar Ihr neues Hobby, mit dem Sie nicht nur Gäste und Bekannte erfreuen, die an diesen wahrhaft einmaligen Kreationen teilhaben dürfen, sondern natürlich auch sich selbst, Ihren Partner oder Ihre Familie.

Vom Konfekt zur Schokolade

Die Bandbreite an Konfekt ist riesig. Während hierzulande und in Westeuropa traditionell besonderer Wert auf Pralinen, also Konfekt mit Schokoladenanteil oder Schokoladenüberzug, gelegt wird, so gibt es doch mindestens ebenso viele Zubereitungen ohne Schokolade, zum Beispiel Süßes aus fruchtigem Gelee, Honig, Karamell oder Krokant. Alle Variationen haben ihre Fans und Liebhaber – ob nussige „Kracher", weiche Toffees, türkischer Honig, kandierte Früchte, Cognacbohnen oder mit Zuckerguss und Perlen verzierte Petits Fours. Der Name Konfekt stammt übrigens aus dem Lateinischen: „confectum" bedeutet wörtlich „Zubereitetes". Ursprünglich war damit im Mittelalter zu Heilzwecken eingelegtes Obst gemeint.

Die Welt der Schokolade

In anderen Regionen der Welt wird weniger Schokolade verzehrt als bei uns. Das hat zum einen klimatische Gründe, denn Schokolade schmilzt nun einmal bei Temperaturen über 36 °C. Zum anderen ist es die Folge einer historischen Entwicklung, denn die seefahrenden und Handel treibenden Kolonialmächte der westlichen Welt teilten sich lange Zeit das Privileg, aus den Kakaobohnen das Luxusgut Schokolade herzustellen.

Als die spanischen Eroberer nach Mittelamerika kamen, wurden sie zum ersten Mal mit xocoatl, dem Kakaogetränk der Azteken, konfrontiert: ein recht bitteres, kalt aufgeschäumtes Gebräu, dem jedoch eine belebende Wirkung nachgesagt wurde. Nach einigem Experimentieren fand man heraus, dass der Kakao mit etwas Zucker und warmer Milch durchaus wohlschmeckend war. Dies blieb ein wohlgehütetes Geheimnis der Spanier, bis die Schokolade schließlich über Italien in die Adelshäuser Frankreichs Einzug hielt und von dort ihren unaufhaltsamen Siegeszug antrat.

Es dauerte allerdings noch bis zur Mitte des 19. Jahrhunderts, bevor die erste Tafel Schokolade hergestellt wurde, und erst in jüngerer Zeit, nämlich im Jahre 1879, gelang der ganz große Durchbruch: Rudolphe Lindt, ein Mitglied der schweizerischen Lindt-Sprüngli-Dynastie, erfand die „Conche“: In einem aufwändigen Prozess wurde Schokolade jetzt so lange geschlagen, bis sie den Schmelz bekam, den wir heute von guter Schokolade kennen und ganz selbstverständlich bei jeder Tafel aus dem Supermarkt erwarten.

Oberstes Gebot: Hervorragende Zutaten

Die Mühe der eigenen Konfekt- und Pralinenherstellung ist vergeudet, wenn Sie

nicht die allerbesten Zutaten verwenden. Das gilt zum einen für die Frische von Butter, Sahne, Milch und Nüssen, zum anderen aber auch für die Schokolade. Billige Schokolade lässt eine Praline stumpf und grau aussehen, vom minderwertigen Geschmack ganz zu schweigen. Je höher der Kakaoanteil, desto ursprünglicher und qualitativ hochwertiger ist die Schokolade. Sehr dunkle Ess-Schokoladen gibt es heute mit einem Kakaoanteil von bis zu 99 Prozent. Für die Pralinenherstellung am besten geeignet ist Bitterschokolade mit einem Kakaoanteil von 60 – 70 Prozent. Alternativ können Milchschokolade und Halbbitterschokolade verwendet werden – probieren Sie es einfach selbst aus.

Tipps zum Schmelzen von Schokolade

Geschmolzene Schokolade hat die richtige Temperatur, wenn sie nicht mehr heiß ist. Dies testen Sie am besten, indem Sie ein wenig davon vorsichtig an die Unterlippe führen. Bitte haben Sie Geduld und erwärmen Sie Schokolade niemals zu schnell, da sie sonst keinen Glanz bekommt. Auf gar keinen Fall darf Wasser in die Schüssel oder den Topf geraten, denn dann würde lediglich ein zäher Brei entstehen. Arbeiten Sie stets mit einem Metalllöffel, aber rühren Sie nicht zu stark von oben nach unten, damit nicht zu viel Luft eingeschlossen wird.

Weiße Schokolade sollten Sie besonders vorsichtig schmelzen, denn sie klumpt leicht. Strenggenommen handelt es sich hier auch gar nicht um Schokolade, denn sie wird lediglich aus der klaren Kakaobutter unter Zusatz von Zucker und Milchtrockenmasse hergestellt und nicht aus der Kakaomasse.

Das Geheimnis der Kuvertüre

Fachleute verwenden immer Kuvertüre für die Pralinenherstellung, und auch in den Rezepten dieses Buchs ist sie häufig angegeben. Sie enthält mehr Kakaobutter als üblicherweise Schokolade und wird nach einem anderen Verfahren hergestellt. Beachten Sie, dass Kuvertüre immer „temperiert" werden sollte, denn nur dann entfaltet sie ihre optimalen Qualitäten und ergibt einen glatten, optisch einwandfreien, glänzenden Überzug. Verwechseln Sie sie jedoch nie mit der billigen Kakaoglasur, die aus Kokosfett hergestellt wird! Oder mit billiger „Blockschokolade", einer einfachen Schokolade, die nur für Kuchenglasuren, niemals aber für feines Konfekt und Pralinen verwendet werden sollte. Gute Kuvertüre bekommen Sie im Fachhandel.

Berühmte Pralinen

Viele bekannte Namen in der Welt der Schokolade haben ihre eigenen Kreationen hervorgebracht, die zu Markenzeichen wurden. Die belgische Firma Leonidas glänzt vor allem durch Pralinen mit weißer Schokolade und „Meeresfrüchte", der Deutsche Leysieffer schuf die „Himmlischen", die Schweizer Teuscher köstliche Champagnertrüffel. Die Caffarels in Italien mixten Nougat mit Schokolade zum dreieckigen „Gianduiotto", und Godiva in Belgien lässt Pralinen von Designerhand verzieren.

Das Temperieren der Kuvertüre

Am besten geschieht dies unter Zuhilfenahme eines Thermometers. Erhitzen Sie die Kuvertüre sehr langsam im Wasserbad auf 38–46 °C und lassen Sie sie danach unter Rühren auf einem Eisbad auf 27–28 °C abkühlen. Zum Schluss erfolgt ein nochmaliges Erhitzen im Wasserbad – diesmal jedoch nur auf 32 °C. Jetzt kann die Kuvertüre verarbeitet werden. Wenn die Kuvertüre danach wieder hart wird, genügt ein einfaches Erwärmen, um sie erneut zu schmelzen.

Vom Umgang mit Schokolade

Normalerweise ist Schokolade ein gut lagerfähiger Rohstoff. Große Temperaturunterschiede mag sie allerdings nicht und rächt sich mit einem unschönen Belag, dem Reif, der allerdings die Qualität nicht unbedingt mindert. Am besten bewahren Sie Schokolade nicht im Kühlschrank auf, sondern an einem trockenen kühlen Ort. Für kostbare Pralinen gilt dasselbe, sofern im Rezept nichts anderes angegeben ist. Wenn Sie Pralinen im Kühlschrank aufbewahren, schützen Sie sie mit Alufolie und

Plastikfolie vor Fremdgerüchen. Trüffel, die mit Sahne und/oder Buttercreme hergestellt werden, müssen hingegen im Kühlschrank gelagert werden. Am besten verzehren Sie handgefertigtes Konfekt innerhalb weniger Tage. Dies dürfte Ihnen ohnehin in den wenigsten Fällen schwer fallen!

Kleine Helfer

Für die Pralinenherstellung brauchen Sie etwas Zeit und Geduld, vor allem aber genügend Platz und freie Ablage- und Arbeitsflächen in der Küche. Im Folgenden werden Ihnen einige wichtige Küchenhelfer vorgestellt, die die Arbeit eines Hobby-Chocolatiers sehr erleichtern:

- Pralinengabeln oder Tauchgabeln sind runde, spiralförmige, wie Schlingen geformte, ein- bis fünfzinkige Gabeln, mit denen Sie Pralinen optimal greifen und eintauchen können. Ein guter Ersatz sind Fonduegabeln oder lange Holzstäbchen.
- Konfektförmchen aus Papier oder Alu sind unverzichtbar für die Herstellung und Präsentation der Pralinen.
- Ein professionelles Wasserbad, ein Bainmarie, garantiert ein Schmelzen der Schokolade ohne das Hineinschwappen von Wasser.
- Ein Zuckerthermometer bis 160 °C Anzeige erleichtert viele punktgenaue Zubereitungen.
- Spülmaschinenfeste Pralinengitter aus Edelstahl dienen zum Abtropfen und Trocknen.
- Marmorbretter sind besonders nützlich zum Kühlen und Zubereiten von Verzierungen.
- Spritztüten aus Papier ersetzen lästiges Auswaschen. Formen Sie diese entweder selbst aus Pergamentpapier, oder kaufen Einmal-Spritzbeutel aus pergamentähnlichem, flexiblem Material.
- Allerlei Gießformen sind nicht nur zum dekorativen Formen von geschmolzener Schokolade praktisch, sondern auch zur Herstellung von Konfekt aus Fruchtgelees geeignet und ideal für Kindergeburtstage, Einladungen oder zum Verzieren.
- Für Profis gibt es Fondant- bzw Likörtrichter aus Edelstahl mit verschiedenen Düsen zum punktgenauen Arbeiten.

Im Folgenden finden Sie eine Vielzahl an Rezepten. Etliche davon werden auch Anfängern leicht gelingen. Andere Köstlichkeiten sind relativ schnell herzustellen, stellen Schleckermäuler aber mit den Wartezeiten für das Trocknen auf eine harte Geduldsprobe. Halten Sie sich jedoch immer an diese Angaben, damit das Ergebnis auch wirklich perfekt gelingt.

Viel Spaß beim Entdecken der paradiesischen Pralinen!

Schokokugeln mit Schuss

60 Stück; Arbeitszeit: 75 Minuten + Wartezeit,
Ruhezeit: über Nacht

Für die Pralinen

250 g Vollmilchschokolade, 15 g Glukose (aus der Apotheke), 250 g Sahne, etwa 250 ml Eierlikör, 60 Vollmilch-Pralinenhohlkugeln, 600 g Vollmilchkuvertüre

Außerdem: 1 Pralinengabel, 1 Pralinengitter

Zubereitung

1 Die Vollmilchschokolade zerkleinern, in eine Edelstahlschüssel geben und die Glukose zufügen. Die Sahne aufkochen und nach und nach mit einem Teigschaber unter die Schokoladenstückchen rühren. Achten Sie beim Rühren darauf, nicht zu viel Luft mit einzuarbeiten und die Masse nicht zu kräftig aufzuschlagen.

2 Den Eierlikör in einen Spritzbeutel mit kleiner Lochtülle geben und die Pralinenhohlkugeln zu gut einem Drittel damit füllen. Dann die Schokomasse in einen Spritzbeutel füllen und die Hohlkugeln bis kurz unter den Rand damit auffüllen. Über Nacht stehen lassen.

3 Einen Teil der Vollmilchkuvertüre im Wasserbad schmelzen, wieder etwas abkühlen lassen. In einen Spritzbeutel füllen und die Pralinenkugeln mit der Kuvertüre verschließen. Erstarren lassen.

4 Anschließend die übrige Kuvertüre zerkleinern, im Wasserbad schmelzen, und wieder etwas abkühlen lassen. Zum Überziehen die Pralinen mit Hilfe einer Pralinengabel nach und nach in die Kuvertüre tauchen und auf das Gitter legen.

5 Sobald die Kuvertüre etwas angezogen hat, jede Praline mit der Gabel leicht hin und her rollen, um ein dekoratives Muster zu erzeugen. Auf Backpapier trocknen lassen.

Weiße und rosa Champagnertrüffel

30 Stück; Arbeitszeit: 50 Minuten + Wartezeit, Kühlzeit: 2½ Stunden

Für die Trüffel

125 g weiße Kuvertüre, je 50 g Butter und Zucker, 2 cl Champagner (oder trockener Sekt), 1 TL Zitronensaft

Zum Verzieren

200 g weiße Kuvertüre, rote Lebensmittelfarbe (am besten fettlösliches Pulver), Zucker

Zubereitung

1. Für die Trüffel die Kuvertüre zerbröckeln und im Wasserbad schmelzen. Butter und Zucker schaumig aufschlagen, die lauwarme Kuvertüre, den Champagner und den Zitronensaft zugeben und weiter schlagen, bis eine spritzfähige Masse entsteht.
2. Die Masse in einen Spritzbeutel mit mittlerer Lochtülle füllen und etwa 1,5 cm breite Tupfen auf ein mit Backpapier ausgelegtes Backblech spritzen. Für gut 2 Stunden kalt stellen.
3. Anschließend die Tupfen mit kalten Händen zu Kugeln formen und für 30 Minuten in die Gefriertruhe legen.
4. Zum Verzieren die Hälfte der Kuvertüre zerbröckeln und im Wasserbad schmelzen; etwas abkühlen lassen. Die Hälfte der gefrorenen Kugeln nach und nach mit einer Pralinengabel in die Kuvertüre tauchen und auf ein Pralinengitter legen. Sobald die Kuvertüre etwas angezogen hat, die Trüffel mit der Gabel leicht hin und her rollen, um ein dekoratives Muster zu erzeugen. Auf Backpapier erstarren lassen.

5 Die zweite Hälfte der Kuvertüre mit Lebensmittelfarbe rosa färben und die restlichen Kugeln einzeln hineintauchen. Die rosa Trüffel auf Backpapier antrocknen lassen und anschließend in Zucker wälzen.

Espresso-Schokocreme-Trüffel

40 Stück; Arbeitszeit: 30 Minuten, Wartezeit: 2 Stunden

Für die Trüffel

30 ml frisch zubereiteter Espresso, 200 g Zartbitterschokolade, 100 g Vollmilchschokolade, 100 ml Sahne, 50 g Butter

Zum Verzieren

Kakaopulver und Schokoraspel

Außerdem: Pralinenförmchen

Zubereitung

1 Espresso kochen. Die Schokolade mit einem großen Messer in Stücke schneiden. Die Sahne in einem Topf zum Kochen bringen und den Espresso unterrühren.

2 Beide Schokoladensorten in die heiße Kaffee-Sahne-Mischung geben, darin schmelzen lassen und alles zu einer gleichmäßigen Masse verrühren. Die Espresso-Schoko-Masse bei Zimmertemperatur etwa 2 Stunden abkühlen lassen.

3 Anschließend die Butter in kleinen Flöckchen auf der Masse verteilen und alles mit dem Handrührgerät schaumig aufschlagen. Die cremige Trüffelmasse in einen Spritzbeutel mit Sterntülle füllen und in kleine Pralinenförmchen spritzen.

4 Nach Belieben mit Kakao bestäuben und mit Schokoraspeln verzieren. Die Espresso-Schoko-Trüffel bis zum Verzehr kühl aufbewahren.

Gut verpackt

Dekorative Pralinenförmchen (Konfektkapseln) aus Papier sind in unterschiedlichen Größen und Farben erhältlich – auch mit bunten Motiven für verschiedene Anlässe wie Ostern, Weihnachten, Geburtstage und vieles mehr.

Zitronengras-Wodka-Trüffel

50 Stück; Arbeitszeit: 1 Stunde + Wartezeit, Ruhezeit: über Nacht, Kühlzeit: insgesamt 3 Stunden

Für die Trüffel

2 Stängel Zitronengras, ⅛ l Sahne, 1 TL abgeriebene Zitronenschale, 150 g Vollmilchkuvertüre, 150 g Zartbitterkuvertüre, 2 EL Butter, 20 g Kokosfett, 2 cl Wodka

Zum Verzieren

400 g Zartbitterkuvertüre

Zubereitung

1. Das Zitronengras klein schneiden. Die Sahne mit dem Zitronengras und der Zitronenschale aufkochen und über Nacht stehen lassen.
2. Die Sahnemischung mit dem Pürierstab pürieren, durch ein Sieb streichen und in einem Topf wieder auf etwa 80 °C erhitzen.
3. Beide Kuvertüren mit einem Messer grob zerhacken. Kuvertüre, Butter und Kokosfett zur Sahne geben und unter Rühren langsam schmelzen. Etwas abkühlen lassen, Wodka einrühren und die Creme für 2 Stunden in den Kühlschrank stellen.
4. Die Schoko-Wodka-Creme in einen Spritzbeutel mit Lochtülle füllen und kleine Kugeln auf ein Backpapier spritzen. Etwas fest werden lassen, mit den Händen noch einmal rund nachdrehen und im Kühlschrank mindestens 1 Stunde kühlen.
5. Für die Verzierung die dunkle Kuvertüre im Wasserbad langsam schmelzen. Die Trüffelkugeln mit einer Rundgabel jeweils in die flüssige, aber nicht mehr heiße Kuvertüre tauchen und auf einem Gitter ablegen. Sobald die Kuvertüre etwas anzieht, mit der Gabel die Kugeln auf dem Gitter hin und her rollen, damit kleine Stacheln entstehen. Den Überzug fest werden lassen. Gut verschlossen an einem kühlen Ort aufbewahren.

Weiße Schokoladen-Trüffel-Pralinen

40 Stück; Arbeitszeit: 30 Minuten, Kühlzeit: 30 Minuten

Für die Trüffel

200 g Marzipan, 50 g Puderzucker, 400 g Nussnougat

Für den Guss

80 g weiße Schokolade

Zubereitung

1 Das Marzipan mit dem Puderzucker verkneten, mit weichem Nougat mischen und zu gleichmäßigen Kugeln formen. Die Bällchen mindestens 30 Minuten kühl stellen.

2 Für den Guss die weiße Schokolade im Wasserbad langsam schmelzen lassen. Die Marzipan-Nougat-Bällchen auf Holzspießchen stecken und in der flüssigen Schokolade wenden. Dabei mit einer Drehung so abschließen, dass sich eine hübsche Spitze bildet.

3 Die Trüffel auf einem Gitter abtropfen und fest werden lassen. Kühl und trocken aufbewahren.

Gut zu wissen

Marzipan wird wegen seines zarten Geschmacks und seiner vielseitigen Verwendbarkeit in vielen Ländern geschätzt. Vor allem das deutsche Marzipan ist weltweit äußerst beliebt. Die Qualität wird von der Frische der ursprünglichen Zutaten, vor allem der verwendeten Mandeln, bestimmt. Vielleicht ist dies der Grund, weshalb das Marzipan gerade in Hafenstädten wie Lübeck so eine besondere Tradition hat – dort hatte man besseren Zugang zu diesem Rohstoff. Marzipan selbst herzustellen, ist nicht schwer, ein Rezept finden Sie auf Seite 34.

Gefüllte Schoko-Eier

30 Stück; Arbeitszeit: 45 Minuten + kurze Wartezeit

Für die Teig-Eier

100 g weiche Butter, 70 g Zucker, ½ Flasche Bittermandelaroma, 1 Prise Salz, 3 Eier, 200 g Mehl, 200 g gemahlene Haselnüsse, 1 TL Backpulver, neutrales Pflanzenöl zum Ausbacken

Für den Guss

150 g weiße Kuvertüre, 150 g Zartbitterkuvertüre

Zubereitung

1. Butter, Zucker, Bittermandelaroma und Salz schaumig rühren. Die Eier nacheinander unterrühren. Mehl, Haselnüsse und Backpulver mischen und unter den Teig rühren. Das Öl in einer tiefen Pfanne oder einem Topf auf 180 °C erhitzen.
2. Inzwischen aus der Marzipanrohmasse 30 kleine Kugeln formen und aus dem Teig mit bemehlten Händen 30 Eier formen. In die Mitte von jedem Ei eine Marzipankugel geben und den Teig darüber schließen.
3. Die Teigeier mit einem Schaumlöffel in das heiße Fett geben und portionsweise etwa 5 Minuten darin ausbacken. Zwischendurch einmal umdrehen. Ostereier zum Abtropfen auf Küchenpapier legen und abkühlen lassen.
4. Die beiden Kuvertüren getrennt im Wasserbad schmelzen. Jeweils 15 der Ostereier in die helle und in die dunkle Kuvertüre eintauchen und anschließend auf einem Gitter abtropfen lassen.
5. Sobald der Guss getrocknet ist, die Kuvertüren nochmals erhitzen, in Spritzbeutel mit kleiner Lochtülle füllen und nach Belieben weitere Muster auf den Guss spritzen.

Traumhafte Kokos-Trüffel

45 Stück; Arbeitszeit: 30 Minuten, Kühlzeit: 30 Minuten

Für die Trüffel

60 g Butter, etwa 200 g Kokosraspel, 125 g Puderzucker, 2 EL weißer Rum

Für den Überzug

2 EL Orangeat, Kokosraspel

Zubereitung

1 Alle Zutaten bereit stellen; die Butter sollte möglichst weich sein. Die Kokosraspel ohne Fett in einer beschichteten Pfanne rösten, bis sie duften.

2 Butter schaumig rühren, Puderzucker einrühren, Rum und die Hälfte der Kokosraspel dazugeben. Bei Bedarf noch so viele Kokosraspel einrühren, bis eine formbare Masse entsteht. 30 Minuten kühl stellen.

3 Das Orangeat sehr fein hacken. Auf einem Teller die restlichen Raspel mit dem Orangeat vermischen. Aus der gekühlten Masse mit kalten Händen (unter dem Wasserstrahl kühlen) zügig kleine Kugeln formen und in der Raspel-Orangeat-Mischung wälzen.

Kokosraspel selbst gemacht

Wie diese köstlichen Trüffel beweisen, ersetzt die süße Kokosnuss häufig den Schokoladengenuss. Verwenden Sie jedoch nur frische Kokosraspel, da sie beim Lagern schnell an Geschmack verlieren. Optimal ist es, die Raspel selbst aus dem Fruchtfleisch einer frisch geöffneten Kokosnuss herzustellen. Öffnen Sie die Kokosnuss, indem Sie in die „Augen“ an der Schmalseite mit einem Hammer dickere Nägel schlagen. Jetzt lässt sich die Nuss leicht spalten und das Fruchtfleisch herauslösen. Das schmackhafte Wasser können Sie dabei auffangen.

Chili-Trüffel

20 Stück; Arbeitszeit: 20 Minuten + kurze Wartezeit

Für die Trüffel

1 kleine frische Chilischote, 200 g Bitterschokolade, 100 g Crème fraîche, 3 EL Cognac, 1 EL Butter

Zum Verzieren

4 EL Kakaopulver

Zubereitung

1 Chilischote waschen, putzen, längs aufschlitzen, entkernen und sehr fein hacken. Die Schokolade mit einem Messer zerhacken. Crème fraîche in einem Topf erhitzen und die zerbröckelte Schokolade darin auflösen. Chili, Cognac und Butter unterrühren, kühl stellen, bis die Masse fest, aber nicht hart ist.

2 Eine große flache Schale ins Tiefkühlfach stellen. Kakaopulver auf einen flachen Teller stäuben.

3 Hände unter kaltem Wasser kühlen, kleine Kugeln aus der Chili-Schoko-Creme formen, jede Kugel in Kakao wälzen und auf den geeisten Teller setzen.

Gut zu wissen

Scharfe Gewürze und Schokolade sind kein unvereinbarer Gegensatz. Seitdem die Bitterschokolade bei uns einen wahren Boom erlebt – insbesondere unter Erwachsenen und gesundheitsbewussten Verbrauchern – experimentieren einige Hersteller auch mit pfeffrigen Zusätzen in der Schokotafel. Schon die alten Azteken peppten ihr Kakaogetränk mit Cayennepfeffer geschmacklich auf – allerdings gaben sie auch eine Prise Vanille dazu, denn Zucker kannten sie nicht.

Klassische Petits Fours

15 Stück; Arbeitszeit: 1 Stunde, Backzeit: 12–15 Minuten, Kühlzeit: 2 Stunden

Für den Biskuitteig

5 Eier, 150 g Zucker, 50 g Butter, 75 g Mehl, 50 g Speisestärke, 50 g geriebene Mandeln

Für die Füllung

100 g Aprikosenmarmelade, 200 g Marzipanrohmasse, 4 EL Rum

Für die Glasur

⅛ l Wasser, 300 g Puderzucker, Lebensmittelfarbe nach Belieben

Zubereitung

1 Den Backofen auf 200 °C (Umluft: 180 °C/Gas: Stufe 3) vorheizen. Für den Biskuit die Eier trennen und das Eiweiß steif schlagen. Zucker und Eigelb schaumig rühren, Butter und steif geschlagenes Eiweiß unterheben. Danach das Mehl, die Speisestärke und die Mandeln einarbeiten. Die Biskuitmasse fingerdick auf ein mit Backpapier ausgelegtes Backblech streichen, 12–15 Minuten backen.

2 Fertigen Biskuit auf ein Kuchengitter stürzen, das Backpapier sofort abziehen und 2 Stunden auskühlen lassen.

3 Marmelade unter Rühren aufkochen und durch ein Sieb streichen. Den Biskuit zuerst quer, dann beide Platten längs halbieren und mit der Marmelade bestreichen. Das Marzipan würfeln, mit Rum mischen, bis es sich auflöst, und über die Marmelade streichen. Die Platten aufeinander setzen; Herzen, Quadrate und Kreise ausstechen.

4 Für die Glasur Wasser erwärmen und den Puderzucker darin unter Rühren auflösen. Einen Teil beiseite stellen, den Rest mit etwas Speisefarbe leicht einfärben und die Petits Fours damit überziehen. Gut trocknen lassen.

5 Übrige Glasur nochmals erhitzen, in einen Spritzbeutel mit kleiner Lochtülle füllen, die Petits Fours damit verzieren und mit Zuckerperlen garnieren.

Bunte Petits Fours

40 Stück; Arbeitszeit: 35 Minuten + kurze Wartezeit,
Backzeit: 30 Minuten

Für den Biskuitteig

300 g Butter, 300 g Zucker, 5 Eier, 300 g Mehl, 1 TL Backpulver, 1 Prise Salz, 3 cl Amaretto

Für den Guss

500 g Puderzucker, 2 Eiweiß, 4 EL Amaretto, 2 EL Zitronensaft, rote und gelbe Lebensmittelfarbe

Zum Verzieren

Nach Belieben kandierte Veilchen (aus dem Feinkostgeschäft), Rosen, Geleefrüchte, Weingummi oder Schokoladenblätter

Zubereitung

1 Den Backofen auf 180 °C (Umluft: 160 °C/Gas: Stufe 2–3) vorheizen. Die Butter mit dem Zucker schaumig rühren. Die Eier trennen und die Eigelbe zur Butter-Mischung geben. Mehl mit Backpulver mischen, hinzufügen und alles gut verrühren. Eiweiß mit Salz steif schlagen und unter den Teig heben.

2 Den Biskuitteig auf ein mit Backpapier ausgelegtes Backblech streichen und auf der mittleren Schiene des vorgeheizten Backofens etwa 30 Minuten backen. Herausnehmen, auf eine Arbeitsfläche stürzen und mit einer Gabel mehrmals einstechen. Amaretto mit 4 EL Wasser mischen und auf den fertigen Biskuit pinseln. Die Biskuitplatte danach in 5 cm große Quadrate schneiden.

3 Für den Guss Puderzucker und Eiweiß verrühren und den Amaretto sowie den Zitronensaft unterrühren. Eine Hälfte des Gusses rosa, die andere Hälfte gelb einfärben. Die Kuchenquadrate auf ein Gitter setzen und mit dem Guss überziehen. Sobald der Guss getrocknet ist, nach Belieben weiter verzieren.

Petits Fours mit Marzipanfüllung

24 Stück; Arbeitszeit: 25 Minuten + kurze Wartezeit, Backzeit: 20–25 Minuten

Für die Petits Fours

200 g Marzipanrohmasse, 250 g Mehl, 3 EL Kakaopulver, 50 g geriebene Zartbitterschokolade, 2 TL Backpulver, ½ TL Natron, 1 Ei, 120 g Zucker, 125 g weiche Butter, 300 g saure Sahne

Für die Glasur

180 g Vollmilchschokolade, 250 g Frischkäse, 4 EL Milch, 20 g Puderzucker

Außerdem: Muffinform für 24 Küchlein, 24 Papierbackförmchen

Zubereitung

1. Den Backofen auf 180 °C (Umluft: 160 °C/Gas: Stufe 2–3) vorheizen. Die Papierbackförmchen in die Vertiefungen der Muffinform setzen. Die Marzipanrohmasse in 24 Stücke aufteilen. Das Mehl mit Kakao, geriebener Schokolade, Backpulver und Natron gut vermischen.
2. In einer Teigschüssel das Ei verquirlen, dann Zucker, Butter und saure Sahne dazugeben und alles sorgfältig verrühren. Die Mehlmischung hinzufügen und nur so lange weiter rühren, bis alles vermischt ist. Der Teig bleibt relativ flüssig!
3. Die Förmchen knapp zur Hälfte mit der Teigmasse befüllen, je ein Marzipanstück in die Mitte drücken und den Rest Teig darüber geben. 20–25 Minuten backen. 5 Minuten ruhen lassen, aus der Form nehmen und auf ein Gitter stürzen.
4. Für die Glasur die Schokolade mit einem Messer zerhacken. Im Wasserbad erhitzen und etwas abkühlen lassen, bis sie handwarm ist. Den Frischkäse, die Milch und den Zucker unterrühren, alles in einen Spritzbeutel füllen und die Petits Fours damit überziehen. An einem kühlen Platz fest werden lassen.

Buntes Marzipankonfekt

50 Stück; Arbeitszeit: insgesamt 30–40 Minuten,
Ruhezeit: 3 Tage

Für das Marzipan

250 g fein gemahlene Mandeln, 250 g Puderzucker, 3 EL Rosenwasser, Lebensmittelfarbe nach Belieben

Außerdem: 1 feuchtes Leinen- oder Baumwolltuch (zum Beispiel ein frisches Küchenhandtuch)

Zubereitung

1. Die fein gemahlenen Mandeln in eine Schüssel füllen. Den Puderzucker dazugeben und beides vermischen.
2. Die Mandel-Puderzucker-Mischung in einen Topf füllen, das Rosenwasser (Apotheke) angießen und alle mit einem Quirl vermischen. Die Masse bei geringer Temperatur erwärmen – dabei ständig langsam rühren. Diese Marzipanrohmasse in das feuchte Tuch einschlagen und 3 Tage an einem kühlen Ort ruhen lassen.

Gut zu wissen

Die Herstellung von Lebensmittelfarben ist in Europa gesetzlich geregelt. Unbedenklicher als die synthetischen sind natürliche Farbstoffe, die aus verschiedenen Gemüsen und Pflanzen gewonnen werden. Die größte Bandbreite dieser natürlichen Farben gibt es daher bei Rot, Gelb und Grün.

Lebensmittelfarben sind in Pulverform erhältlich; diese Pigmentfarben lösen sich nicht im Wasser, sondern in festen Materialien und können zum Beispiel mit weißer Schokolade gemischt werden. Zum Färben von Marzipan können Sie so genannte dickflüssige Lebensmittelfarbe verwenden.

3 Das Marzipan anschließend in größere Stücke schneiden und mit den Lebensmittelfarben Ihrer Wahl nach Herstelleranleitung einfärben. Aus dem gefärbten Marzipan kleine Früchte formen und gut trocknen lassen.

Zartschmelzende Schoko-Toffees

30–48 Stück je nach Größe; Arbeitszeit: 30 Minuten + kurze Wartezeit

Für die Toffees

300 g Zucker, 40 g Honig, 5 EL Wasser, 50 g Bitter- oder Halbbitterschokolade, 100 g Sahne

Außerdem eine rechteckige Form (etwa 20 × 30 cm), Alufolie, neutrales Pflanzenöl

Zubereitung

1. Zucker, Honig und Wasser in einen kleinen Topf geben und 2–3 Minuten sprudelnd kochen lassen. Mit einem Holzlöffel umrühren. Vorsicht: Die Masse darf nicht zu braun werden!
2. Die Schokolade in Stücke brechen. Die Sahne in einen großen Topf gießen und aufkochen, die Schokoladenstückchen darin auflösen.
3. Den Karamellzucker dazugießen und unter Rühren solange kochen, bis eine braune Masse entstanden ist. Dies dauert etwa 15–20 Minuten. Prüfen, ob die Masse fest wird (siehe Kasten).
4. Die Form mit Alufolie auskleiden und dünn mit Öl einpinseln. Die Schoko-Karamell-Masse hineingießen und auskühlen lassen.
5. Nach dem Erstarren auf ein großes Brett stürzen. Die Alufolie vorsichtig ablösen und das Karamell zum Servieren in mundgerechte Stücke brechen.

Karamell-Test

Hier eine einfache Probe, um zu testen, ob die Karamellmasse ausreichend gekocht hat: etwas Karamellmasse auf eine kühle Platte (zum Beispiel ein Marmorbrett) tropfen lassen. Wenn sie schnell fest wird, ist sie fertig.

Schokomousse-Riegel mit Karamellnüssen

60 Stück; Arbeitszeit: 1 Stunde, Kühlzeit: über Nacht

Für die Schokocreme

300 g Zartbitterkuvertüre, 100 g Sahne, 4 EL Rum, 2 Eigelb, 75 g Butter

Für den Überzug

50 g Zucker, 50 g gehackte Nüsse, 250 g Zartbitterkuvertüre

Außerdem: ein rechteckiges Blech oder eine Form (etwa 25 × 18 cm)

Zubereitung

1 Für die Schokocreme Kuvertüre zerkleinern und im Wasserbad schmelzen lassen. Sahne, Rum und Butter in einem Topf unter Rühren langsam erhitzen, bis die Butter geschmolzen ist. Nach und nach die 2 Eigelb und die geschmolzene Kuvertüre in die Butter-Sahne einrühren.

2 Die Form mit Frischhaltefolie auslegen, Schokocreme darauf verteilen und mit Folie bedeckt über Nacht in den Kühlschrank stellen.

3 Am nächsten Tag stürzen, Folie abziehen und die Mousse in etwa 60 Stifte schneiden.

4 Für die Karamellnüsse Zucker in einem kleinen Topf karamellisieren lassen. Nüsse untermischen, auf einen flachen Teller geben und auskühlen lassen. Karamellisierte Nüsse anschließend grob durchhacken.

5 Für den Überzug die Kuvertüre im Wasserbad schmelzen und dann etwas abkühlen lassen. Die Schokoriegel mit einer Pralinengabel nacheinander in die Kuvertüre tauchen und zum Trocknen auf Backpapier setzen. Vor dem Trocknen die Schokoriegel mit den karamellisierten Nüssen bestreuen.

Karamell-Puffreis-Konfekt

40 Stück, Arbeitszeit: 25 Minuten

Für das Konfekt

30 g Butter, 80 g Honig, 100 g Sahne, 100 g Rice Crispies (Kellogs), ¼ TL Zimt

Außerdem: 40 Pralinenförmchen (Konfektkapseln)

Zubereitung

1 Die Butter in einen Topf geben – am besten eignet sich ein Topf mit dickem Boden. Den Honig abmessen oder abwiegen und zur Butter geben. Die Sahne dazugießen. Die Temperatur gleichmäßig erhöhen, bis die Zutaten zu köcheln beginnen.

2 Die Masse auf kleiner Flamme einkochen lassen, bis sie zähflüssig geworden ist. Dabei immer wieder umrühren, damit sich nichts am Topfboden ansetzt.

3 Den Topf vom Herd ziehen und die Rice Crispies mit dem Zimt behutsam untermischen, um die Crispies nicht zu stark zu zerdrücken.

4 Mit einem Esslöffel die Karamellmasse in die Pralinenförmchen häufeln – dabei den Esslöffel bei Bedarf immer wieder in kaltes Wasser tauchen. Das Karamell-Puffreis-Konfekt in den Förmchen trocknen lassen.

Gut zu wissen

Der Begriff Karamell leitet sich ab aus dem Spanischen „caramelo" für gebrannten Zucker oder Zuckerrohr. Verbrannt sollte der Zucker für ein Karamell allerdings nicht sein. Am Anfang müssen Sie deshalb vielleicht etwas rumprobieren, bis Sie den richtigen Dreh heraushaben, mit dem der Zucker schön gleichmäßig hellbraun wird. Es kann eine Hilfe sein, Puderzucker statt des grobkörnigeren Kristallzuckers zu verwenden. Die Temperatur, bei der Zucker karamellisiert, liegt bei 160 °C – also weit über dem Siedepunkt von Wasser.

Delikate Marzipan-Datteln

40 Stück; Arbeitszeit: 50 Minuten, Kühlzeit: 2 Stunden

Für die gefüllten Datteln

80 g Pistazienkerne, 350 g Marzipanrohmasse, 8 cl Maraschino (italienischer Kirschlikör), 40 getrocknete Datteln (getrocknet ohne Stein)

Für den Überzug

200 g dunkle Kuvertüre, 10 Pistazienkerne, 50 g weiße Kuvertüre, 20 kandierte Veilchen (aus dem Feinkostgeschäft), feiner Kristallzucker

Zubereitung

1. Pistazien im Aufsatz der Küchenmaschine oder mit dem elektrischen Blitzhacker fein mahlen. Marzipan in kleine Würfel schneiden und mit den gemahlenen Pistazien und dem Maraschino gut verkneten. Die Masse halbieren, eine Hälfte davon zum Verzieren beiseite legen. Datteln mit der anderen Hälfte der Marzipanmasse füllen und leicht zusammendrücken.
2. Dunkle Kuvertüre zerbröckeln und im heißen Wasserbad schmelzen. Pistazien halbieren. Die gefüllten Datteln mit Hilfe einer Pralinengabel (oder eines langen Holzspießes) in der Kuvertüre wenden und auf ein Kuchengitter setzen. Eine Hälfte davon mit je 1 Pistazienhälfte belegen und alle Datteln im Kühlschrank in etwa 2 Stunden trocknen lassen.
3. Weiße Kuvertüre grob hacken und im heißen Wasserbad schmelzen. Kuvertüre in einen Gefrierbeutel füllen, eine kleine Ecke abschneiden. Beiseite gelegte Marzipanmasse in einen Spritzbeutel mit Sterntülle füllen. Datteln ohne Pistazien mit der Kuvertüre verzieren und je einen Streifen der Marzipanmasse aufspritzen. Mit je einem kandierten Veilchen belegen. Nach Belieben zusätzlich mit feinem Zucker bestreuen. Die Pralinen gut gekühlt aufbewahren.

Mandel-Karamell-Ecken

48 Stück; Arbeitszeit: 30 Minuten, Kühlzeit: 30 Minuten, Backzeit: insgesamt 35 Minuten

Für den Mürbeteig

250 g Mehl, 2 EL Zucker, 1 Prise Salz, 125 g kalte Butter, 1 Ei

Für den Belag

50 g Zucker, 50 g Honig, 50 g Butter, 450 g Mandelstifte

Zubereitung

1. Das Mehl auf ein großes Holzbrett sieben, mit Zucker und Salz mischen, aufhäufeln und in die Mitte eine Mulde drücken. Die kalte Butter in kleine Stücke schneiden und um die Mulde herum verteilen. Das Ei aufschlagen und in die Mitte gleiten lassen. Etwa 3 EL lauwarmes Wasser zugeben. Sämtliche Zutaten mit einem Messer gut durchhacken, sodass kleine Teigkrümel entstehen. Mit kalten Händen rasch zu einem Teig verkneten, eine Kugel formen, in Frischhaltefolie wickeln und mindestens 30 Minuten in den Kühlschrank stellen.
2. Für den Belag Zucker, Honig und Butter in einem Topf erhitzen und etwa 5 Minuten unter Rühren köcheln lassen. Die Mandelstifte einrühren und weitere 5 Minuten einkochen lassen.
3. Den Backofen auf 200 °C (Umluft: 175–180 °C/Gas: Stufe 3–4) vorheizen. Den Mürbeteig zwischen 2 Lagen Backpapier ungefähr 2 mm dünn ausrollen, auf ein mit Backpapier ausgelegtes Backblech legen und im vorgeheizten Backofen etwa 10 Minuten vorbacken. Der Teig sollte hellgelb bleiben.
4. Den Backofen auf etwa 160 °C runterschalten. Die vorbereitete Mandelmasse auf den Teig geben, glatt streichen und etwa 25 Minuten backen. Nach dem Auskühlen in Dreiecke schneiden.

Karamell-Erdnuss-Knabberei

für etwa 500 g; Arbeitszeit: 25 Minuten + kurze Wartezeit

Für den Nusskaramell

150 g ungesalzene geröstete Erdnüsse, ½ TL Salz, 225 g Zucker, 125 g heller Rübensirup, 25 g Butter, ½ TL Natronpulver

Außerdem: Öl für das Backblech

Zubereitung

1 Die Erdnüsse grob hacken und mit dem Salz mischen, beiseite stellen. In einem Topf Zucker und Rübensirup mit 125 ml Wasser zum Kochen bringen, dabei kräftig rühren.

2 Die Zuckermischung danach ohne weiteres Rühren bei starker Hitze zu einem hellen Karamell einkochen lassen. Falls Sie über ein Zuckerthermometer verfügen, sollte es beim Eintauchen in die Masse 145 °C anzeigen.

3 Wenn der Karamell diese Temperatur erreicht hat, die gehackten Erdnüsse dazugeben, aufkochen und noch weitere 2–3 Minuten kochen lassen. Die Mischung vom Herd nehmen und erst jetzt die Butter und das Natron unterrühren.

4 Ein Backblech mit Öl einpinseln. Die Karamellmasse auf das Backblech gießen und mit einem leicht gefetteten Spatel möglichst dünn verstreichen.

5 Den Nusskaramell ganz auskühlen lassen und anschließend in kleine Stücke brechen. In einer Keks- oder Vorratsdose luftdicht aufbewahren.

Karamell aufbewahren

Zur Aufbewahrung stapeln Sie den geschnittenen Karamell am besten in Keksdosen mit Wachspapier zwischen den einzelnen Lagen. Schlagen Sie den Karamell nicht zu eng in Pergament oder anderes Papier ein, das haften bleiben könnte!

Gut zu wissen

Karamellbonbons werden hierzulande auch in sehr harter Konsistenz als echte „Zahnkiller“ geschätzt. Der englische Begriff „Toffee“ deutet aber auf eine weichere Art von Karamell hin, die entsteht, wenn Sie die Masse mit Sahne und Butter versetzen. Diese britische Leidenschaft werden Sie schnell verstehen, wenn Sie einmal mit verschiedenen Zutaten wie Schokolade, Honig und Nüssen experimentiert haben.

Honig-Karamellen

45 Stück; Arbeitszeit: 30 Minuten + kurze Wartezeit

Für die Karamellen

300 g Zucker, 50 g Honig, 5 EL Wasser, abgeriebene Schale von 1 Zitrone (unbehandelt), 250 g Sahne, 50 g Butter

Außerdem: eine rechteckige Form (etwa 20 × 30 cm), Alufolie, neutrales Pflanzenöl zum Einfetten

Zubereitung

1 Zucker, Honig und Wasser in einen Topf geben und 2–3 Minuten sprudelnd kochen lassen. Zitronenschale hinzufügen.

2 Sahne in einen großen Topf gießen und aufkochen lassen. Den Karamellzucker dazugeben und alles unter wiederholtem Rühren so lange kochen, bis eine braune Masse entstanden ist. Dies dauert etwa 15 Minuten!

3 Hat der Karamell die richtige Konsistenz, die Butter einrühren und unter langsamem Rühren schmelzen lassen.

4 Die Form mit Alufolie auskleiden, leicht mit dem Öl einpinseln und die Masse hineingießen. Abkühlen lassen.

5 Nachdem die Karamellmasse fest geworden ist, auf ein großes Brett stürzen und die Alufolie behutsam abziehen. Ein großes Messer ölen und damit Quadrate aus der Masse schneiden. Die Honig-Karamellen noch vollständig auskühlen lassen.

Schon fertig?

Um zu prüfen, ob der Karamell die richtige Temperatur und Konsistenz hat, machen Sie die klassische Probe: Sie lassen etwas von der Sahne-Karamell-Mischung von einem Holzlöffel auf eine kühle Platte oder ein Marmorbrett tropfen. Wird die Masse gleich fest, ist sie fertig.

Sahniges Karamellkonfekt

40 Stück; Arbeitszeit: 25 Minuten + kurze Wartezeit

Für den Karamell

300 g Zucker, 50 g Honig, abgeriebene Schale von 1 Orange (unbehandelt), 250 g Sahne, 50 g Butter

Außerdem: eine rechteckige Form (etwa 20–30 cm), Öl zum Einfetten

Zubereitung

1 Zucker mit Honig und 5 EL Wasser in einen Topf geben und 2–3 Minuten sprudelnd kochen lassen. Orangenschale zufügen.

2 Sahne in einen großen Topf gießen und aufkochen. Den Karamellzucker hineingießen und so lange kochen (etwa 15 Minuten), bis eine braune Masse entstanden ist. Dabei immer wieder umrühren.

3 Zur Probe verfahren Sie wie im Tipp auf Seite 36 beschrieben. Hat die Masse die richtige Konsistenz, rühren Sie die Butter ein.

4 Eine Form mit Alufolie auskleiden, mit Öl einpinseln und die Karamellmasse hineingießen.

5 Nach dem Abkühlen den Karamell auf ein großes Brett stürzen und die Alufolie abziehen. Mit einem geölten Messer Quadrate ausschneiden. Das Karamellkonfekt vollständig auskühlen lassen.

Knusprig variiert

Für eine abwechslungsreiche Variante gießen Sie die Hälfte der Karamellmasse in die Form, betreuen diese mit etwas Biskuitbröseln und füllen mit der restlichen Masse auf. Sie können auch gehackte Nüsse in die Karamellmasse geben.

Süße Maki mit Dip

4 Portionen; Arbeitszeit: 50 Minuten + kurze Wartezeit, Kühlzeit: 2 Stunden

Für die Maki

1 EL Olivenöl, 100 g Risottoreis, 200 ml Milch, 70 g weiße Schokolade, 50 g Marzipanrohmasse (fertig gekauft oder frisch hergestellt, siehe Rezept Seite 34), 50 g Puderzucker, grüne Lebensmittelfarbe, ½ Honigmelone

Für den Dip

Saft einer Orange, kandierte Orangenschalen

Zubereitung

1 Olivenöl in einem Topf erhitzen, Reis durchschwenken und zusammen mit der Milch auf kleiner Flamme weich kochen. Die weiße Schokolade klein hacken, unter den Reis rühren und die Masse abkühlen lassen.

2 Die Marzipanrohmasse mit Puderzucker und grüner Lebensmittelfarbe nicht zu weich verkneten. Dies gelingt am besten mit dickflüssiger Farbe oder grünem Fruchtpulver. Dann auf eine Größe von etwa 25 × 9 cm ausrollen und auf Klarsichtfolie legen.

3 Die Zuckermelone schälen und in etwa 7 × 7 mm dicke Stäbchen schneiden.

4 Risotto auf die Marzipanplatte geben, gleichmäßig verteilen und festdrücken, dabei an der Schmalseite einen etwa 1 cm breiten Rand lassen. Die Melonenstifte mittig auflegen. Mit Hilfe der Folie die Marzipanplatte von der Längsseite her nach Strudelart zu einer Sushirolle formen. Für 2 Stunden in den Kühlschrank stellen.

5 Anschließend die Rolle auswickeln und in 2 cm dicke Portionsstücke schneiden. Für den Dip die kandierte Orangenschale in feine Streifen schneiden und mit dem Orangensaft vermischt in einem Schälchen zu den süßen Makis servieren.

Brigadeiros – Brasilianische Schokotrüffel

40 Stück; Arbeitszeit: 25 Minuten, Kühlzeit: 30–60 Minuten

Für die Trüffel

200 g Bitterschokolade, 100 g Crème fraîche, 3 EL Cognac, 1 EL Butter

Für den Überzug

100 g Schokostreusel

Zubereitung

1. Schokolade zerbröckeln. In einem Topf die Crème fraîche behutsam erhitzen und die Schokoladenstücke darin schmelzen. Cognac und Butter unterrühren, bis eine glatte Creme entstanden ist. In den Kühlschrank stellen, bis die Masse fest, aber nicht hart ist.
2. In der Zwischenzeit eine große flache Schale oder ein Marmorbrett ins Tiefkühlfach stellen. Die Schokostreusel auf einem flachen Teller verteilen.
3. Die Hände unter Wasser kühlen und rasch kleine Kugeln aus der Schoko-Cognac-Creme formen. Die Kugeln anschließend in den Schokostreuseln wälzen und auf den geeisten Teller oder das Brett setzen. Die kalten Trüffel zum Servieren in Pralinenförmchen anrichten.

Gut zu wissen

Brasilien ist bei uns eher für seinen Kaffee-Export bekannt – sowie natürlich für gute Fußballer, schöne Strände und leckere Cocktails. Tatsächlich wächst Kakao eher in nördlicheren, also äquatornahen und sehr regenreichen Hochlagen. Die beste Kakao-Sorte, Criollo, stammt aus Venezuela und Ecuador. Sie macht allerdings nur einen geringen Prozentsatz auf dem Weltmarkt aus, welcher von den günstigeren Bohnen aus Westafrika beherrscht wird.

Esterhazy-Nuss-Schnitten

12–15 Stück je nach Größe; Arbeitszeit: 75 Minuten, Backzeit: 10–12 Minuten, insgesamt 3 Stunden Kühlzeit + kurze Wartezeit

Für den Teig

300 g Mehl, 80 g Puderzucker, 1 Päckchen Vanillinzucker, 3 Tropfen Zitronenaroma, 125 g gemahlene Walnüsse, 1 Ei, 200 g kalte Butter

Für die Füllung

200 g Sahne, 50 g Zucker, 4 Eigelb, 1 Päckchen Vanillinzucker, 200 g Kokosfett, etwas Kirschwasser

Für den Guss

Aprikosenmarmelade, 150 g Puderzucker, 4 EL Zitronensaft, dunkle und helle Schokolade, einige Mandelblättchen

Zubereitung

1. Für den Teig das Mehl auf ein Backbrett sieben. In die Mitte eine Mulde drücken. Zucker, Vanillinzucker, Aroma, Nüsse und Ei hineingeben und mit einem Teil des Mehls zu einem dicken Brei verarbeiten. Die kalte Butter in Stückchen hineinschneiden und von der Mitte aus alle Zutaten rasch zu einem glatten Teig kneten. In Plastikfolie einschlagen und etwa 2 Stunden kalt stellen.
2. Den Backofen auf 200 °C (Umluft: 180 °C/Gas: Stufe 3) vorheizen. Den Teig dünn ausrollen, in 12 cm breite Streifen schneiden, auf ein gefettetes Blech legen und 10–12 Minuten backen. Die Streifen vom Backblech lösen und komplett auskühlen lassen.
3. Für die Füllung Sahne mit Zucker, Eigelb und Vanillinzucker mischen und auf etwa 60 °C erhitzen. Kokosfett in kleinen Stücken dazugeben und so lange rühren, bis sich das Fett gelöst hat. 1 Stunde in den Kühlschrank stellen, so dass die Masse gut auskühlen kann.

4 Anschließend die Creme für die Füllung mit den Schneebesen des elektrischen Handrührgeräts sehr schaumig rühren und mit Kirschwasser abschmecken. Jeweils 4 Gebäckstreifen damit bestreichen und diese zusammensetzen. Die Schnitten oben dünn mit Aprikosenmarmelade bestreichen.

5 Für den Guss Zucker, Wasser und Zitronensaft verrühren und zum Kochen bringen. 3–4 Minuten leicht weiter köcheln und dann über einem Eisbad rasch abkühlen lassen. Dabei die Glasur rühren, bis sie eine milchig-weiße Farbe bekommt. Anschließend nochmals erwärmen und über die Schnitten gießen.

6 Die Schokolade schmelzen, in eine Papiertüte füllen und dünne Linien auf die fest gewordene Glasur spritzen. Mit Mandelblättchen verzieren und die Schnitten in mundgerechte Würfel schneiden.

Kaffee-Mandel-Halva

4 Portionen; Arbeitszeit: 25 Minuten, Backzeit: 3 Stunden

Für das Halva

150 g Butter, 100 g halbierte Mandeln, 150 g Grieß, 100 g Zucker, 1 EL löslicher Kaffee, 400 ml Milch

Außerdem: eine Kastenform, neutrales Pflanzenöl zum Einfetten

Zubereitung

1. In einem Topf die Butter schmelzen, Mandeln und Grieß zufügen und alles auf kleinster Stufe unter Rühren goldbraun rösten. Den Backofen auf 100 °C (Umluft: 80 °C/Gas: Stufe 1½–2) vorheizen.
2. In einem zweiten Topf den Zucker, löslichen Kaffee und die Milch miteinander erhitzen und weiter köcheln, bis der Zucker geschmolzen ist. Dann über die Grieß-Mandel-Mischung gießen und alles gut miteinander verrühren.
3. Eine Kastenform mit Öl dünn einpinseln. Die Kaffee-Mandel-Masse hineingeben und im vorgeheizten Backofen etwa 3 Stunden ziehen lassen. Zum Servieren in Scheiben schneiden.

Gut zu wissen

Halva, Halvas oder Helva ist Urlaubern aus der Türkei und Griechenland vertraut, es ist aber in vielen östlichen Ländern verbreitet. Das Grundrezept sieht Sesamsaat statt wie hier Mandeln vor, in Russland kennt man Halva aus Sonnenblumenkernen und in Indien aus Hülsenfrüchten und Gemüsen, die zu Pasten verrieben werden. Immer wird kräftig gesüßt, vor allem mit Honig. In diesem Rezept erhalten sie durch die natürliche Süße der Milch und die Mandeln eine besonders feine Komposition, die durch den Kaffee noch eine spezielle Note bekommt.

Calissons d'Aix – Provenzalisches Mandelkonfekt

Etwa 12 Portionen; Arbeitszeit: 30 Minuten + kurze Wartezeit, Ruhezeit: über Nacht

Für das Konfekt

250 g geschälte Mandeln, 250 g feiner Zucker, 4 cl Aprikosenlikör, Oblaten

Für den Guss

100 g Puderzucker, 1–2 EL Zitronensaft

Zubereitung

1 Mandeln so fein mahlen, dass sie fast cremig sind. Das lässt sich am besten mit einem elektrischen Pürierstab erreichen. Die Mandelmasse mit dem Aprikosenlikör vermischen. In eine Pfanne füllen und kurz durchrösten, bis die Masse angedickt ist.

2 Oblaten bereit legen. Die Masse auf einer Oblate verteilen und mit einem Nudelholz gleichmäßig verstreichen. Die zweite Oblate darüber legen. Über Nacht zwischen 2 Brettern, die Sie mit einer Konservendose beschweren, ruhen lassen.

3 Am nächsten Tag das Konfekt in mundgerechte Stücke schneiden. Puderzucker mit Zitronensaft zu einem dicklichen Guss verrühren, die Calissons damit überziehen und trocknen lassen.

Knackig frisch

Verwenden Sie für die Pralinen- und Konfektherstellung stets nur einwandfrei frische Nüsse, Samen und Mandeln. So schälen Sie ganze Mandeln: Die Mandeln in kochendes Wasser geben und kurze Zeit ziehen lassen. Dann in ein Sieb abgießen und mit kaltem Wasser kräftig abspülen. Jetzt lassen sich die hellen Kerne leicht aus der weich gewordenen Haut herausdrücken.

Süße Früchte im Schokoladenmantel

4 Portionen; Arbeitszeit: 15–25 Minuten + kurze Wartezeit

Für die Früchte

400 g kandierte Früchte nach Wahl, 100 g dunkle Kuvertüre oder Halbbitterschokolade

Zubereitung

1 Ausgewählte Früchte je nach Größe in mundgerechte Stücke teilen.

2 Die Kuvertüre oder Schokolade zerbröckeln und im heißen Wasserbad schmelzen (siehe auch Seite 9). Die Früchte auf eine Pralinengabel stecken und zur Hälfte in die flüssige Kuvertüre tauchen. Auf einem Pralinengitter oder auf Backpapier ganz trocknen lassen. Auf Wunsch können Sie die Früchte jetzt noch zusätzlich mit Kokosraspeln bestreuen.

3 Als Variante können Sie helle und dunkle Schokolade getrennt schmelzen und die Früchte je zur Hälfte eintauchen. Die restliche Schokolade nochmals erwärmen, in Spritzbeutel aus Papier füllen und auf die fest gewordene Umhüllung Muster in der jeweils anderen Farbe aufspritzen.

Obst und Schokolade

Bevorzugte kandierte Früchte sind Ananas, Birnen, Orangen oder Mandarinen, Erdbeeren und Kirschen, aber auch Melonen und Pflaumen oder Exoten wie Mango und Papaya. Falls Sie gerne einmal frische Früchte in Schokolade tauchen möchten, bedenken Sie bitte, dass diese höchstens zwei Tage haltbar sind. Waschen Sie die Früchte gründlich und trocknen Sie sie sehr sorgfältig ab, bevor Sie sie in die Schokolade tauchen. Besonders hübsch sind reife Erdbeeren mit Blattgrün, aber auch Kirschen am Stiel (siehe Rezept Seite 74).

Kythonopasto – Griechisches Quitten-Konfekt

20–30 Stück je nach Größe; Arbeitszeit: 35–40 Minuten, Kochzeit: 40 Minuten + Wartezeit, Gelierzeit: etwa 3–4 Stunden

Für das Gelee

1 kg Quitten, Saft einer Zitrone, 1 kg Zucker, 16 Blatt (etwa 35 g) weiße Gelatine

Zubereitung

1. Die Flaumhaare der Quitten sorgfältig mit einem Küchentuch abreiben. Blüte und Stielansatz mit einem großen Messer entfernen, das Fruchtfleisch entlang des harten Kerngehäuses abtrennen und in Stücke schneiden.
2. Zitrone auspressen und den Saft mit 1¼ l Wasser aufkochen. Quittenstücke zugeben und zugedeckt 40 Minuten köcheln lassen. Den Topf abkühlen lassen.
3. Die Quitten über einem Sieb abtropfen lassen und anschließend durch ein Tuch drücken. Den Saft dabei auffangen. 1 l Quittensaft abmessen, mit dem Zucker mischen und 4 Minuten kochen lassen. Beiseite stellen und etwas abkühlen lassen.
4. Gelatine in kaltem Wasser auflösen und mit der Quittenmischung gut verrühren. In eine flache rechteckige Schale gießen, mit Plastikfolie zudecken und im Kühlschrank gelieren lassen.
5. Zum Servieren das Quittengelee in mundgerechte Würfel schneiden und diese großzügig in Puderzucker wälzen.

Vielseitige Früchte

Quitten aus unseren Breiten eignen sich nicht zum Rohverzehr. Sie können aber sehr gut zu Kompott und Gelee verarbeitet werden, und auch die Kerne im Inneren des sehr harten Kernhauses werden für allerlei Zwecke genutzt. Sie helfen zum Beispiel in Wasser gekocht gegen Atemwegs- und Magenerkrankungen.

Marshmallows mit Schokoladenglasur

12 Stück; Arbeitszeit: 15 Minuten + kurze Wartezeit

Für die Marshmallows

12 Marshmallows, 100 g dunkle Kuvertüre, kleine Zuckerperlen

Außerdem: 12 kleine Spieße (aus Kunststoff oder Holz)

Zubereitung

1 Zerkleinerte Kuvertüre in einer kleinen Metallschüssel über dem heißen Wasserbad schmelzen (siehe Seite 9). Schneller geht es mit guter Bitterschokolade. Dabei häufig umrühren – jedoch nicht von oben nach unten, sondern immer im Kreis, um nicht zu viel Luft einzuarbeiten –, bis die Schokolade glänzt und flüssig ist.

2 Die Zuckerperlen in ein kleines Schälchen geben. Jeden Marshmallow auf ein Spießchen stecken und bis zur Hälfte in die Kuvertüre oder Schokolade hineintauchen, etwas abtropfen lassen und anschließend in die Zuckerperlen stippen. Auf einem Pralinengitter trocknen lassen.

Gut zu wissen

Marshmallows werden in den USA mit Hingabe am Lagerfeuer geröstet oder im Kakao aufgelöst und haben antike Ursprünge. Der englische Begriff weist auf eine Pflanze hin, die im Deutschen Eibisch genannt wird. Vor der Erfindung moderner Geliermittel nutzte man die Eibischwurzel aufgrund ihrer zähen Konsistenz zum Gelieren und Kleben. Dieser Eigenschaft ist auch ihre medizinische Wirkung gegen Husten und Halsschmerzen zuzurechnen, die seit dem Altertum bekannt ist. In Frankreich wurde Eibisch erstmals mit Zucker und Eischnee zu einer Süßigkeit namens Pâte de guimauve verarbeitet – dem Vorläufer der heutigen Marshmallows, die mit Gelatine zubereitet werden.

Lokum – Türkisches Konfekt

Etwa 20 Stück in jeder Farbe; Arbeitszeit: 25 Minuten, Kühlzeit: 3–4 Stunden

Grundzutaten

250 g Zucker, 3 EL Speisestärke, 6 Blatt Gelatine

Für das Färben

1 EL Rosenwasser, 100 ml Kirschsaft, 1 EL Orangenblütenwasser , 100 ml Orangensaft, 1 EL Minzsirup (oder auch Minzlikör), 100 ml vorgekochten Minztee

Außerdem: etwa 100 g Puderzucker

Zubereitung

1 125 ml Wasser und den Zucker in einen Topf geben und so lange kochen lassen, bis sich der Zucker aufgelöst hat. Speisestärke mit etwas kaltem Wasser anrühren, in das Zuckerwasser einrühren und weiter köcheln lassen. Gelatine in lauwarmem Wasser einweichen.

2 Für rotes Lokum Rosenwasser und Kirschsaft, für gelbes Lokum Orangenblütenwasser und Orangensaft, für grünes Lokum Minzsirup und Minztee dazugeben. Wenn Sie alle drei Farben herstellen möchten, bereiten Sie den Zuckersirup und die Gelatine wie oben beschrieben in drei Ausführungen getrennt zu.

3 Den Zuckersirup vom Herd nehmen. Die Gelatine etwas ausdrücken und unterrühren. Eine flache rechteckige Form (etwa 10 × 15 cm) mit Backpapier auskleiden, die Lokum-Masse hineingießen und vollständig abkühlen lassen.

4 Nach dem Erstarren die Masse aus der Form stürzen und das Backpapier ablösen. Das Gelee in Würfel schneiden und diese in Puderzucker wälzen.

Süße Donut-Kugeln

90 Kugeln; Arbeitszeit: 45–60 Minuten

Für den Donut-Teig

50 g weiche Butter, 3 Eier, 150 g Zucker, 200 ml Milch, ausgeschabtes Mark einer Vanilleschote, 1 Prise Salz, 1 Prise Muskat, etwa 650 g Mehl, 1 Päckchen Backpulver

Zum Verzieren

100 g Puderzucker, 1 EL Zitronensaft, Kakaopulver, Puderzucker, 100 g Halbbitterschokolade

Außerdem: etwa 1,5 l neutrales Öl zum Frittieren

Zubereitung

1. In einer Schüssel die Butter mit den Eiern und dem Zucker schön cremig schlagen; anschließend Milch, Vanillemark, Salz und Muskat unterrühren.
2. Das Mehl mit dem Backpulver mischen, nach und nach mit den Knethaken des elektrischen Handrührgeräts unter den Teig rühren und kräftig durchkneten. Aus dem Teig etwa kirschgroße Kugeln formen.
3. In einer Pfanne das Öl erhitzen, bis an einem hineingehaltenen Holzlöffelstiel Bläschen aufsteigen (in der Friteuse das Öl auf 180 °C erhitzen). Die Donut-Kugeln darin portionsweise rundherum goldbraun frittieren. Fertige Donuts herausheben und auf Küchenpapier gut abtropfen lassen.
4. Für den Guss Puderzucker mit Zitronensaft dicklich verrühren. Die Hälfte der Kugeln damit einpinseln und anschließend in Kakaopulver und Puderzucker wälzen.
5. Schokolade zerkleinern, im heißen Wasserbad schmelzen, in eine Spritztüte mit kleiner Lochtülle füllen und die Donut-Kugeln damit streifenförmig verzieren.

Dominoplätzchen aus Pfefferminzcreme

100 Stück; Arbeitszeit: 30 Minuten, Trockenzeit: 24 Stunden

Für die Plätzchen

4 EL Milch, 400 g Puderzucker, 10 Tropfen natürliches, reines Pfefferminzöl

Zum Verzieren

100 g dunkle (Zartbitter-)Kuvertüre

Zubereitung

1 Milch mit einer Gabel, einem kleinen Schneebesen oder einem Cappuccinoschäumer aufschlagen. Puderzucker, Pfefferminzöl und die Milch vermengen und gut verkneten.

2 Die Masse zwischen 2 Lagen Klarsichtfolie etwa 3 mm dick zu einem Rechteck von 20 × 40 cm Größe ausrollen. Mit Hilfe eines sauberen Lineals 2 × 4 cm große Rechtecke ausschneiden und diese 24 Stunden trocknen lassen.

3 Zum Verzieren die Kuvertüre zerbröckeln, im Wasserbad schmelzen und wieder etwas abkühlen lassen.

4 Einen Teil der Kuvertüre in eine Spritztüte füllen und die Pfefferminzplätzchen mit einem Dominomuster verzieren. Bei größeren Abschnitten die Schokolade mit einem Pinsel auftragen. Trocknen lassen.

Raffiniert verpackt

Ein hübsches Mitbringsel wird aus diesen Plätzchen, wenn Sie eine Schachtel mit Trennwänden basteln oder eine fertige Schachtel entsprechend auskleiden, und die Dominoplätzchen wie Spielsteine darin anordnen.

Weiße und dunkle Schokokirschen

20–40 Stück je nach Gewicht; Arbeitszeit: 25 Minuten + kurze Wartezeit

Für die Kirschen

500 g Herzkirschen mit Stiel – es dürfen auch eingelegte oder Maraschinokirschen sein

Für den Überzug

Je 300 g weiße und dunkle (Zartbitter-)Kuvertüre

Zubereitung

1. Frische Kirschen vorsichtig waschen, die Stiele dabei nicht entfernen, abtropfen und gut trocknen lassen. Eingelegte Kirschen trockentupfen und ebenfalls gut trocknen lassen.
2. Die Kuvertüren getrennt im Wasserbad langsam schmelzen (siehe Seite 9).
3. Die trockenen Kirschen am Stiel fassen und in die Kuvertüren tauchen. Auf einem Pralinengitter oder Backpapier trocknen lassen.

Förmchen zum Vernaschen

Eine ebenso einfache wie raffinierte Art, geschmolzene Schokolade zu einem köstlichen Dessert zu verarbeiten, ist das Formen von kleinen Schiffchen oder runden Hohlformen. Diese können dann ganz nach Fantasie mit Sommerfrüchten, exotischem Obst, Fruchtmus, Schokomousse und Ähnlichem gefüllt und weiter verziert werden. Pinseln Sie zum Beispiel Alu-Konfektkapseln mit der geschmolzenen Kuvertüre oder Schokolade aus. Lassen Sie diese erstarren und entfernen Sie danach vorsichtig die Kapseln – fertig ist das essbare Schälchen.

Erdnuss-Krokant

50 Stück je nach Größe; Arbeitszeit: 25 Minuten + kurze Wartezeit

Für den Krokant

375 g Zucker, 1 EL Zitronensaft, 300 g Erdnüsse, 50 g Sesamsaat

Außerdem: neutrales Pflanzenöl zum Einfetten

Zubereitung

1 Backpapier oder Backfolie auf einem Backblech ausbreiten und leicht einölen.

2 Die Erdnüsse etwas zerkleinern. Dazu legen Sie am besten ein Küchenhandtuch auf ein Holzbrett und hacken die Nüsse mit einem stabilen Messer etwas klein. Sie können auch ein Holzbrett mit umlaufender Rille nehmen.

3 In einem Topf den Zucker mit 3 EL Wasser bei kleiner Hitze schmelzen und hellbraun karamellisieren lassen. Topf von der Kochstelle nehmen.

4 Zitronensaft, Erdnüsse und Sesamsaat in den Karamell einrühren. Die Nuss-Karamell-Masse auf dem vorbereiteten Blech gleichmäßig verteilen, glatt streichen und fest werden lassen.

5 Nach dem Abkühlen den Erdnuss-Krokant in gleich große Stücke schneiden oder brechen. In Papiertüten oder Keksdosen trocken aufbewahren.

Süße Begleitung

Köstlich schmeckt dazu eine Bananen-Marmelade. Dafür 425 g Zucker mit 125 ml Zitronensaft und 1 EL abgeriebener Zitronenschale verrühren. 1 kg Bananen schälen, in Scheiben schneiden, mit dem Zitronenzucker in einem Topf mischen und 30 Minuten ziehen lassen. Den Zitronen-Bananen-Mix dann erhitzen und etwa 8 Minuten köcheln lassen, dabei gelegentlich umrühren. Noch heiß in saubere Schraubgläser füllen. Das Rezept ergibt 4 Marmeladengläser à 250 ml.

Haselnuss-Schoko-Konfekt

30 Stück; Arbeitszeit: 30 Minuten, Ruhe-/Kühlzeit: über Nacht

Für das Konfekt

350 g Bitter- oder Halbbitterschokolade, 180 g Zitronat, 350 g gehackte Haselnüsse, 1½ EL Kakaopulver, 300 g Zucker, 1 EL Rum

Außerdem: neutrales Pflanzenöl für das Backblech

Zubereitung

1 Schokolade etwas weich werden lassen und zerkleinern. Das Zitronat klein würfeln oder hacken, mit der Schokolade und den Haselnüssen im Mixer fein pürieren und das Kakaopulver untermischen.

2 Den Zucker mit 75 ml Wasser aufkochen und über die Schokomasse geben, Rum untermischen und alles zu einer dicklichen Masse verrühren.

3 Ein großes Blech mit Öl auspinseln und die Masse etwa 1,5 cm dick darauf streichen. Über Nacht zugedeckt kalt stellen und fest werden lassen.

4 Am nächsten Tag das Konfekt in Würfel schneiden und zum Kaffee oder Espresso reichen. In einer Blechbüchse aufbewahren.

Gut zu wissen

Beim Pressen der gerösteten Kakaobohnen, bei dem man die wertvolle Kakaobutter gewinnt, fällt das Kakaopulver sozusagen als Nebenprodukt an. Man unterscheidet schwach oder stark entöltes Kakaopulver. Genutzt wird es als Rohstoff für Trinkschokoladen und Schokoladensaucen, oder zum Verzieren von Kuchen und Desserts aller Art. Berühmt ist das holländische Kakaopulver. Der Name „van Houten“ ist allerdings auch in historischer Hinsicht bemerkenswert, denn ein Niederländer dieses Namens erfand 1828 die erste Maschine, mit der Schokolade zu Blöcken gepresst werden konnte.

Haselnusskrokant mit Thymianhonig

8–10 Portionen; Arbeitszeit: 35–40 Minuten + Wartezeit

Für den Krokant

600 g Honig, 1 EL frische Thymianblättchen, 500 g Haselnüsse

Außerdem: bunte Pralinenförmchen

Zubereitung

1 Den Honig in einen Topf geben und bei geringer Hitze 2–3 Minuten köcheln lassen. Haselnüsse und abgezupfte Thymianblättchen dazugeben und weitere 20–25 Minuten köcheln lassen.

2 Dann einen Tropfen heißen Honig in ein Glas mit eiskaltem Wasser fallen lassen. Wird der Honig sofort fest, ist der Krokant fertig.

3 Eine rechteckige Form oder ein Blech von 22 × 24 cm Größe mit Backpapier auslegen. Den Haselnusskrokant darauf geben, gleichmäßig verstreichen und abkühlen lassen.

4 Erstarrten Krokant vom Backpapier lösen, in Würfel schneiden. Oft ist es leichter, den Krokant mit der Hand zu brechen. Dazu wickeln Sie ihn in ein frisches Küchenhandtuch. Servieren Sie die Stückchen in bunten Pralinenförmchen.

Gut zu wissen

Der Begriff Krokant stammt ursprünglich aus dem Französischen und bedeutet „knabbern“. Ein Grundbestandteil des Krokants ist karamellisierter Zucker; als schöne „Kracher“ dienen diverse zerkleinerte oder ganze Nüsse. Butter und Sahne werden für weicheren Krokant dazugemischt, sodass er dem Karamell sehr ähnlich wird. Wechseln Sie einmal die Honigsorte: Akazienblüten- oder Waldhonig geben ein völlig anderes Aroma als zum Beispiel Lindenblütenhonig.

Weiße Nougattaler mit Pistazien

25–30 Stück; Arbeitszeit: 30 Minuten + Wartezeit, Ruhezeit: über Nacht

Für die Nougattaler

160 g frische, geschälte Pistazienkerne, 250 g feiner Zucker, 100 g Traubenzucker, 1 Eiweiß

Zubereitung

1. Die Pistazienkerne in einer Pfanne ohne Fett rösten. Abkühlen lassen.
2. Zucker und Traubenzucker in einem kleinen Topf mit 6 EL Wasser bei schwacher Hitze unter Rühren auflösen, dann zum Kochen bringen und ohne weiteres Rühren zu Sirup einkochen lassen.
3. Ein Zuckerthermometer ist jetzt hilfreich. Die Konsistenz des Sirups ist richtig, wenn das Thermometer 120 °C anzeigt. Stellen Sie den Topf mit dem Sirup dann sofort in kaltes Wasser, um den Kochprozess zu unterbrechen.
4. Das Eiweiß steif schlagen und unter weiterem Schlagen den noch heißen Sirup in den Eischnee träufeln. So lange weiterrühren, bis die Masse etwas cremig wird. Die gerösteten Pistazien dazugeben und unterheben.
5. Zwei große Stücke Backpapier auf die Arbeitsfläche legen und jeweils die Hälfte der Masse darauf verteilen. Dann das Backpapier von der Längsseite her einrollen und über Nacht fest werden lassen.
6. Am nächsten Tag das Backpapier entfernen und die Rollen in 1,5 cm dicke Taler schneiden.

Schoko-Mandelsplitter-Spitzen

20 Stück; Arbeitszeit: 35 Minuten + Kühlzeit

Für die Mandelspitzen

100 g Mandeln, 2 EL kandierter Ingwer, 150 g Zartbitterkuvertüre, eventuell Zucker und Sterne aus kandiertem Ingwer

Außerdem: 20 Pralinenförmchen aus Papier oder Alu

Zubereitung

1 Die Mandeln in einen Topf mit kochend heißem Wasser geben und einige Minuten darin liegen lassen. Anschließend die Mandeln auf einem Sieb abschütten und auf einem frischen Küchenhandtuch verteilen. Die Mandeln mit der Hand aus der Schale drücken – das geht ganz leicht – und anschließend etwas trocknen lassen. So haben die Mandeln ein besseres Aroma. Nur wenn es ganz schnell gehen muss, sollten Sie fertige geschälte Mandeln verwenden.

2 Die Mandeln halbieren und in Stifte schneiden. In einer Pfanne ohne Fett hell anrösten. Anschließend den kandierten Ingwer klein hacken.

3 Kuvertüre zerkleinern und im heißen Wasserbad schmelzen (siehe Seite 9). In die geschmolzene Kuvertüre die Mandeln und den Ingwer einrühren und mit Hilfe von 2 Teelöffeln die Masse in die Förmchen setzen. Zu Spitzen formen und im Kühlschrank fest werden lassen.

4 Die Mandelsplitter-Spitzen mit kandiertem Ingwer oder Zucker garnieren.

Gut zu wissen

Valrhona – das ist einer der edelsten Namen in der Welt der Schokolade. In einer mittelständischen Fabrik im französischen Rhônetal wird bester Kakao zu einer Kuvertüre verarbeitet, die seit 1922 die Pralinenhersteller in aller Welt entzückt. Seit 1986 stellt Valrhona auch Bitterschokoladen in Tafeln für den sofortigen Verzehr sowie edle Täfelchen für Schokoladengourmets her.

Rosinen-Mandel-Pralinés mit Pfiff

4 Portionen; Arbeitszeit: 20 Minuten + Wartezeit, Ruhezeit: 1 Stunde

Für die Pralinen

100 g Rosinen, 4 cl Rum, 50 g Zwieback, 100 g Mandeln, 50 g Mandelblättchen, 250 g Zartbitterkuvertüre

Außerdem: Kakaopulver

Zubereitung

1 Die Rosinen im Rum einweichen und etwas ziehen lassen. Zwieback in 1 cm große Würfel brechen. Die geschälten Mandeln stifteln und die Mandelblättchen in einen tiefen Teller streuen.

2 Die Kuvertüre grob zerkleinern und im Wasserbad schmelzen. Rosinen, Mandelstifte und Zwiebackwürfel in die geschmolzene Kuvertüre geben, mischen und zu kleinen Kugeln formen. Diese sofort in den Mandelblättchen wälzen und 1 Stunde trocknen lassen.

3 Vor dem Servieren mit Kakaopulver bestreuen.

Süße Verführung

Mandeln sind die Grundlage für Marzipan, aber vielfach auch für Nougat. Der Begriff Nougat wird im Deutschen für eine Masse aus gleichen Teilen Zucker, gerösteten und geriebenen Haselnüssen, Walnüssen oder/und Mandeln verwendet, der man zur Geschmacksverbesserung noch geschmolzene Schokolade unterrühren kann. Wichtig ist das Rösten sowie das Arbeiten mit dem Pürierstab, da Sie mindestens eine Viertelstunde rühren müssen, bis die Masse streichzart ist.

Italienisches Pistazien-Konfekt

40 Stück; Arbeitszeit: 25 Minuten, Marinierzeit: 1 Stunde, Kühlzeit: über Nacht

Für das Konfekt

200 g Cantucci (italienische Mandelkekse), 2 EL Amarettolikör, 200 g geschälte Pistazienkerne, 250 g Zartbitterkuvertüre, 2 EL süße Sahne

Außerdem: eine rechteckige (Back-)Form

Zubereitung

1 Cantucci grob zerhacken, mit dem Likör beträufeln und 1 Stunde ziehen lassen.

2 Die Pistazienkerne in einer Pfanne ohne Fett rösten und etwas abkühlen lassen.

3 Kuvertüre im Wasserbad schmelzen. Die Sahne, die Cantucci und die Pistazienkerne einrühren.

4 Die Form mit Backpapier auskleiden und die Schoko-Pistazien-Masse darüber geben und glatt streichen.

5 Das Konfekt über Nacht abkühlen lassen und anschließend in kleine Würfel schneiden.

Gut zu wissen

Der Begriff Praliné geht auf den Grafen von Plessis-Praslin, einen Gesandten und Minister vom Hofe Ludwigs XIV., zurück. Sein Chefkoch kam in der ersten Hälfte des 17. Jahrhunderts als erster auf die Idee, Konfekt – vermutlich eine Art Marzipan – mit Schokolade zu umhüllen. Die neue Kreation war in den vornehmen französischen Kreisen sofort ein großer Erfolg. Seither bezeichnet man alle mit Schokolade hergestellten Konfektarten als „Pralinen“.

Mandelkonfekt-Variationen

Je 20 Stück; Arbeitszeit etwa 30 Minuten, Ruhezeit: 12 Stunden oder über Nacht

Für das Mandel-Nougat

100 g geschälte Mandeln, 250 g feiner Zucker, 100 g Traubenzucker, 1 Eiweiß, 1 Tropfen Mandelaroma, 8–10 große rechteckige Backoblaten

Zubereitung

1 Mandeln in einer trockenen Pfanne kurz rösten. In einem Topf Zucker und Traubenzucker mit 6 EL Wasser bei schwacher Hitze unter Rühren auflösen, zum Kochen bringen, zu Sirup einkochen und dann sofort in kaltes Wasser stellen.

2 Das Eiweiß steif schlagen und unter weiterem Rühren den noch heißen Sirup in den Eischnee träufeln. So lange weiter schlagen, bis die Masse cremig wird. Mandeln und Mandelaroma unter die Masse mischen.

3 Ein Backblech mit den Backoblaten auslegen und die Mandel-Masse darauf glatt verstreichen. Mit den restlichen Backoblaten bedecken und in 12 Stunden oder über Nacht fest werden lassen. In kleine Rechtecke oder Rauten schneiden.

Für das Mandel-Nuss-Karamell

200 g geschälte Mandeln, Haselnüsse, Erdnüsse, 200 g Honig, 2 EL Butter, 1 TL Vanillinzucker, 1 TL Zimtpulver, 10 große rechteckige Backoblaten

Zubereitung

1 Mandeln, Haselnüsse und Erdnüsse in einer trockenen Pfanne rösten und abkühlen lassen.

2 Honig mit Butter, Vanillinzucker und Zimtpulver in einer möglichst schweren Pfanne unter ständigem Rühren und mit einem Holzlöffel bei mittlerer Hitze 3–4 Minuten sprudelnd kochen lassen, bis die Masse beginnt cremig zu werden. Die Mandeln und Nüsse unter die Honigmasse mischen und weiter rühren,

bis sie nach 3–4 Minuten zu karamellisieren beginnt. Alles unter ständigem Rühren nochmals 2–3 Minuten kochen lassen, bis der Honigkaramell rötlichbraun ist. Die Pfanne vom Herd nehmen und die Masse gelegentlich umrühren, bis sie nicht mehr schäumt.

3 Ein Backblech mit Backoblaten belegen. Die Karamellmasse darauf geben und glatt streichen. Mit weiteren Backoblaten bedecken und über Nacht abkühlen lassen. Anschließend in kleine Rechtecke schneiden.

Rezepte